BEI GRIN MACHT SICH IHR WISSEN BEZAHLT

AF141754

- Wir veröffentlichen Ihre Hausarbeit,
  Bachelor- und Masterarbeit

- Ihr eigenes eBook und Buch -
  weltweit in allen wichtigen Shops

- Verdienen Sie an jedem Verkauf

Jetzt bei www.GRIN.com hochladen und kostenlos publizieren

Nicola Humpert

Die HIPC Initiative - Entschuldung als Mittel der Armutsbekämpfung

GRIN Verlag

Bibliografische Information der Deutschen Nationalbibliothek:

Die Deutsche Bibliothek verzeichnet diese Publikation in der Deutschen National-
bibliografie; detaillierte bibliografische Daten sind im Internet über http://dnb.d-
nb.de/ abrufbar.

Impressum:

Copyright © 2004 GRIN Verlag GmbH
Druck und Bindung: Books on Demand GmbH, Norderstedt Germany
ISBN: 978-3-638-74920-6

Dieses Buch bei GRIN:

http://www.grin.com/de/e-book/34534/die-hipc-initiative-entschuldung-als-mittel-
der-armutsbekaempfung

GRIN - Your knowledge has value

Der GRIN Verlag publiziert seit 1998 wissenschaftliche Arbeiten von Studenten, Hochschullehrern und anderen Akademikern als eBook und gedrucktes Buch. Die Verlagswebsite www.grin.com ist die ideale Plattform zur Veröffentlichung von Hausarbeiten, Abschlussarbeiten, wissenschaftlichen Aufsätzen, Dissertationen und Fachbüchern.

Besuchen Sie uns im Internet:

http://www.grin.com/

http://www.facebook.com/grincom

http://www.twitter.com/grin_com

Freie Universität Berlin
Otto-Suhr-Institut für Politikwissenschaft
HS Entwicklungspolitik und Entwicklungszusammenarbeit

WS 2003/04

Thema:

Die HIPC Initiative – Entschuldung als Mittel der Armutsbekämpfung

Humpert, Nicola

Studiengang: Diplom- Politikwissenschaft,
Fachsemester: 6

I

Gliederung

1. Einleitung

Tagtäglich können wir die Auswirkungen von Armut in Zeitungsberichten und Fernsehnachrichten verfolgen:

Hungernde Menschen, die vor lauter Not Schiffe besteigen, die nicht seetauglich sind; politische Unruhen und Bürgerkriege und spätestens seit dem 11. September 2001 terroristische Verzweiflungstaten. [1]

Armut ist ein Problem, das nicht von den betroffenen Ländern allein gelöst werden kann.

In der Millenniums-Erklärung der Generalversammlung der Vereinten Nationen wurde die Armutsbekämpfung als oberstes Ziel für das neue Jahrtausend angegeben: Bis 2015 soll im Vergleich zu 1990 die Zahl der Armen, die mit weniger als einem Dollar pro Tag auskommen müssen, weltweit um die Hälfte zurückgegangen sein.

Ein hemmender Faktor für die Entwicklung eines Landes ist die große Schuldenlast, die viele Entwicklungsländer dazu zwingt, ihre Einnahmen für Schuldentilgungen anstatt für Entwicklungsprojekte auszugeben.

Spätestens mit der Kampagne von Erlassjahr 2000 und der Forderung nach einer umfangreichen Entschuldung der Entwicklungsländer, drang die Problematik der Verschuldung in das öffentliche Bewusstsein.

Im Rahmen der „globalen Strukturpolitik" sieht die Bundesregierung in ihrer Vertretung durch das Bundesministerium für wirtschaftliche Zusammenarbeit und Entwicklung, ihren Auftrag darin, einen Beitrag zur Armutsbekämpfung zu leisten. In diesem Zusammenhang wird die HIPC-Initiative als wirkungsvolles Instrument verstanden, dieses Ziel umzusetzen.

Wurden bis dahin andere Entschuldungsmechanismen als Lösung des Verschuldungsproblems angenommen, erklärten sich nun auch die internationalen Finanzinstitutionen wie der Internationaler Währungsfond (IWF) und die Weltbank bereit, eine umfassende Entschuldung vorzunehmen.

Mit der HIPC-Initiative sollte gelingen, was bisher noch nicht gelungen war: die Schulden der Entwicklungsländer auf ein tragfähiges Level zu reduzieren und so Entwicklung möglich zu machen.

Die Leitfrage dieser Arbeit ist, ob die HIPC-Initiative ein wirksames Mittel zur Armutsbekämpfung ist. In diesem Rahmen wird zunächst das Problem der Armut analysiert, die Initiative vorgestellt und abschließend erfolgt eine Bewertung darüber, was sie im Bereich der sozialen Verbesserungen leisten kann.

---

[1] Wobei hier betont sein soll, dass nicht Armut allein als Ursache für den Terrorismus gesehen wird.

1

Da sich die HIPC-Initiative vorwiegend auf Länder aus dem südlich der Sahara gelegenen Afrika bezieht, werden sich auch die Zahlen und Prognosen dieser Arbeit auf diese Region beschränken.

Beginnen wird die Arbeit nun mit einer Analyse des Begriffs Armut und dessen unterschiedlichem Verständnis .

2. Armut und Verschuldung

In diesem Kapitel werden die verschieden Wahrnehmungen von Armut analysiert und die Schuldensituation in Afrika dargestellt. Es wird sich zeigen, dass die Verschuldung ein hemmender Faktor für Entwicklung und damit Armutsbekämpfung ist.

2.1. Definition(en) von Armut

Armut ist ein multidimensionales Phänomen, dessen Messung weit über das bloße Einkommen hinausgeht. Armut hat viele Gesichter.

Dennoch sind die Basis für den Umgang mit Armutsdaten die Statistiken der Weltbank. Gemessen wird Armut meistens am Einkommen und dem Konsum. Die Weltbank berechnet Armut nach der Kaufkraft, die ein Dollar in einem bestimmten Jahr besaß. Als Ausgangslage, um eine weltweit gültige Armutsgrenze zu bestimmen, gilt die Kaufkraft des Dollars im Jahr 1993. Nach dieser „purchasing power parity" (PPP) gilt als arm, wer weniger als 2 Dollar am Tag zur Verfügung hat und als extrem arm, wer mit weniger als einem Dollar auskommen muss (vgl. Weltbank 2004b www.worldbank.org/poverty).

Die Definition der Weltbank erkennt allerdings auch an, dass Armut sich nicht allein auf ein zu niedriges Einkommen beschränkt:

"Poverty is hunger. Poverty is lack of shelter. Poverty is being sick and not being able to see a doctor. Poverty is not being able to go to school and not knowing how to read. Poverty is not having a job, is fear for the future, living one day at a time. Poverty is losing a child to illness brought about by unclean water. Poverty is powerlessness, lack of representation and freedom." (Weltbank 2004a www.worldbankorg/poverty)

Die Gesellschaft für technische Zusammenarbeit und Entwicklung (GTZ) definiert Armut folgendermaßen:

"Armut bedeutet nicht nur geringes Einkommen, sondern auch geringe Chancen und mangelnde Beteiligungsmöglichkeiten am politischen und wirtschaftlichen Leben, besondere Gefährdung durch Risiken, Missachtung der Menschenwürde und Menschenrechte sowie fehlender Zugang zu Ressourcen ." (GTZ Glossar www.gtz.de)

Das heißt also, dass Armut nicht rein monetär messbar ist und dass viele weitere Faktoren in die Armutsberechnung miteinbezogen werden müssen. Für die wissenschaftliche Diskussion ist die Messung von Armut dennoch wichtig, da diese Operationalisierung beim quantitativen und qualitativen Vergleich benötigt wird. Das bedeutet jedoch nicht, dass individuelle Schicksale hinter Zahlenbergen verschwinden sollen oder dürfen.

Die UNFPA erweitert die Armutsdefinition um folgende Komponenten:

„There is a distinction between lack of income and lack of capacity. Poor people actually feel their powerlessness and insecurity, their vulnerability and lack of dignity. Rather than taking decisions for themselves, they are the subject of the decision of others in nearly all aspects of their lives." (UNFPA 2003)

Diese drei Definitionen von Armut zeigen, dass keine Einigkeit darüber besteht, was genau Armut bedeutet. Es kristallisieren sich jedoch die folgenden Punkte heraus: niedriges Einkommen, Hunger, keine feste Unterkunft, kein Zugang zu Bildung und politischer Teilhabe. Vor diesem Hintergrund soll die Bewertung der HIPC-Initiative erfolgen.

In Subsahara-Afrika lebten 1999 241 Millionen Menschen in extremer Armut, also mit weniger als einem US Dollar pro Tag, und 480 Millionen mussten mit weniger als zwei Dollar am Tag auskommen (vgl. Weltbank 2002 www.worldbank.org/poverty). Das ist eine Steigerung gegenüber 1990 von 200 Millionen Menschen, die in (extremer) Armut leben. Die Prognosen sagen voraus, das diese Zahlen bis 2015 weiter ansteigen.

Im nächsten Abschnitt wird auf die Verschuldung des südlichen Afrikas eingegangen und der Zusammenhang mit der Armut deutlich gemacht.

2.2. Die Schuldensituation im südlichen Afrika

Verschuldung wird definiert als „Folge einer Entwicklungsstrategie, nach der durch Kreditaufnahme finanzierte Investitionen einen Wirtschaftsaufschwung herbeiführen sollen, die beabsichtigte Wirkung jedoch nicht eintritt und die Kredite nicht zurückbezahlt werden können." (Thomi 2003:217).

Die Ursachen der Verschuldung in Afrika haben externe und interne Faktoren. Die entscheidenden externen Faktoren für Afrika sind die sich verschlechternden „terms of trade" – also der Verfall der Rohstoffpreise auf dem Weltmarkt. Außerdem bilden die Agrarsubventionen der EU und der Vereinigten Staaten Handelshemmnisse, da die eigentlich günstigeren Produkte aus Afrika über dem Preis der hochsubventionierten europäischen und US-amerikanischen Erzeugnisse liegen und dadurch Absatzschwierigkeiten haben.

Da viele afrikanische Staaten immer noch als eine ihre Haupteinnahmequellen die Mittel der öffentlichen Entwicklungszusammenarbeit (ODA – official development assistance) haben und diese seit Jahren sinken, verringert sich das Einkommen der Staaten bei gleichbleibenden oder sogar steigenden Ausgaben (vgl. Thomi 2003:218).

Zu den internen Ursachen der Verschuldung gehören Missmanagement der erhaltenen Gelder, etwa für unrentable Großprojekte, Prestige- oder Luxusgüter sowie das Fehlen von festen makroökonomischen Rahmenbedingungen, so dass Haushaltsdefizite chronisch werden und die Inflation ins unermessliche steigt. Als häufiges Problem werden Korruption und Vetternwirtschaft genannt (vgl. ebd.).

1999 betrug der Schuldenstand in den Ländern südlich der Sahara 230 Milliarden US-Dollar, das ist eine Vervierfachung innerhalb der letzten zwanzig Jahre (vgl. Eberlei 2000:1, siehe Interview im Anhang).

Die Region bezahlte in demselben Jahr 15 Milliarden US-Dollar an ihre Gläubiger (vgl. ebd.). Diese Schuldenlast kann als nicht tragfähig angesehen werden. Und eine nicht tragfähige Schulenlast verhindert Entwicklung.

Dennoch lässt sich eine Tendenz ausmachen: 1998 wurden noch knapp 27 % der Staatsausgaben für den Schuldendienst verwendet, 2002 waren es 13, 2 % und im Jahr 2005 sollen es nur noch 1,6 % sein (vgl. IDA: 2003 Tabelle 11A).

Diese Ausgaben „verschwinden" also aus dem Land, ohne zu seiner Entwicklung beitragen zu können. Die dringend benötigten Mittel für Ausgaben im Gesundheits- und Bildungssektor fallen niedriger aus als notwendig wäre, um einen entwicklungspolitischen Nutzen daraus ziehen zu können:

"Unsustainable external debt is a central ingredient of the cycle of economic stagnation and persistent generalized poverty in poor countries." (UNCTAD 2002:207)

Ob die Prognosen der Weltbank tatsächlich eintreten werden, und ob der Schuldenerlass nachhaltig sein wird, ist nicht unumstritten. Analysten weisen darauf hin, dass die Neuverschuldung zunimmt, unter anderem um alte Kredite abbezahlen zu können (vgl. Djafari 2002:351). Obwohl die Wachstumsprognosen der Weltbank optimistisch klingen, ist

4

nicht gesichert, dass die Exporterlöse ausreichen werden, um genügend Devisen für die Ableistung des Schuldendienstes einzunehmen..

Die Schuldensituation ist in einigen Länder dramatisch. Ohne einen umfangreichen Schuldenerlass kann der Teufelskreis von Schuldendienst, mangelnden Ressourcen für Investitionen in für die Entwicklung eines Landes essentiellen Sektoren und der Neuaufnahme von Krediten nicht durchbrochen werden.

Im nächsten Kapitel wird gezeigt, wie die HIPC-Initiative entstanden ist, was sie genau leistet und wo ihre Defizite liegen.

3. Die HIPC-Initiative

3.1. Vorraussetzungen und Entstehung der Initiative

"This iniative is a breakthrough…It deals with debt in a comprehensive way to give countries the possibility of exiting from unsustainable debt. It is very good news for the poor of the world." (James Wolfensohn, Präsident Welt Bank 1996)

Mit diesen enthusiastischen Worten kommentierte James Wolfensohn die Entstehung der Initiative 1996.

In Zusammenarbeit von Weltbank, IWF und Regierungen der Industrienationen wurde die HIPC-Initiative 1996 ins Leben gerufen. HIPC steht für „highly indebted poor countries" – das sind die Länder, die kein tragfähiges Level an Schulden haben.

„The HIPCs in general are characterized by extreme poverty, poor social development indicators and human resources, poorly diversified economies, a high concentration of export earnings in a few primary commodities, and dependance on official aid as well as high debt overhang." (UN 2000:3)

Diese Definition zeigt, dass die Probleme in den HIPCs weitaus größer sind, als eine bloße untragbare Schuldenlast.

Das Ziel der Initiative aber war und ist, eine Ausgangsstrategie für untragbare Schuldenlasten aufzuzeigen. Angeknüpft wurde an die „Neapel Bedingungen" des Pariser Clubs, die einen Schuldenerlass von 67 % vorsehen.

Für die Definition von Tragfähigkeit siehe Kasten nächste Seite.

> **Definition tragfähiger Schuldendienst:**
>
> Wenn ein Land seine jetzigen und zukünftigen Schulden vollkommen abbezahlen kann ohne Rückgriff auf Schuldenerlass, Umschuldung oder Anhäufung von Zahlungssäumnissen (Daseking 2002:12).
> Unter HIPC I galt ein Schuldendienst von 20-25% der jährlichen Exporteinnahmen als tragfähig. Unter HIPC II wurde die Quote auf 15 % gesenkt. NGOs forderten eine Herabsenkung auf 5 % (vgl. Kaiser 2001: 2, Quelle siehe Anhang).
> Zudem gilt die Tragfähigkeitsgrenze als gegeben, wenn die Gesamthöhe der Schulden höchstens 150% der jährlichen Exporteinnahmen beträgt (vgl. ebd.).

Da sich die erste Initiative aber als unzureichend herausstellte, kamen die G7 Länder 1999 in Köln zusammen, um über das weitere Vorgehen zu beraten.

Ergebnis war HIPC II, oder auch „enhanced HIPC-initiative" Das Abschluss-Motto war „broader, deeper, faster debt relief" (vgl. Weltbank 2003 www.worldbank.org/hipc). Die Beschlüsse wurden unter den sogenannten „Köln Bedingungen" zusammengefasst; der Schuldenerlass sollte deutlich erhöht werden, sogar bis auf 90% der Netto-Gegenwarts-Schulden, außerdem wurde die Initiative nun ganz explizit um das Ziel der Armutsbekämpfung erweitert.

Die HIPC-Initiative definiert ein Land als „schwer verschuldet wenn traditionelle Entschuldungsmechanismen nicht ausreichen, die Schulden des Landes auf ein tragfähiges Level zu reduzieren.

Die Interessen der einzelnen Akteure im „Projekt Schuldenerlass" sind verständlicherweise unterschiedlich.

Im nächsten Absatz werden die unterschiedlichen Akteure vorgestellt und ihre unterschiedliche Motive zur Partizipation analysiert.

3.2. Die Akteure in der HIPC-Initiative

Involviert in den Entschuldungsprozess sind auf der Geberseite öffentliche multilaterale Institutionen, konkret die Weltbank und der Internationale Währungsfond (IWF), sowie private Banken. Wichtige Akteure sind auch die Regierungen der Einzelstaaten, von denen wiederum die OECD-Staaten durch den Pariser Club vertreten werden, dessen Aufgabe es ist, die Bedingungen für den Schuldenerlass auszuhandeln. Viele Verhandlungen finden aber direkt bilateral zwischen Geber und Schuldner statt.

Die Schuldner-Länder sind die Länder, die so hoch verschuldet sind, dass ihre Schulden nicht mehr tragfähig sind, welche afrikanischen Länder betroffen sind, zeigt das nächste Kapitel.

Auf der Schuldnerseite steht der Wunsch nach Entwicklung an vorderster Stelle (vgl. Eberlei 1992:55). Das Interesse der privaten Banken gilt dem Prinzip der Gewinnmaximierung, also eine Rückzahlung der Kredite wird angestrebt (vgl. ebd.). Das Interesse der Regierungen liegt auch auf der Entwicklungsseite, allerdings um ihren Handel und auch ihr Sicherheitsbedürfnis zu stärken.

Im Rahmen des Konzeptes der „globalen Strukturpolitik" steht die Armutsbekämpfung an oberster Stelle des Bundesministeriums für wirtschaftliche Zusammenarbeit und Entwicklung (BMZ). Sie wird in den internationalen Zusammenhang gestellt und ist daher Teil einer Strategie, die eher auf globaler anstatt auf projektbezogener Ebene ansetzt. Im Aktionsprogramm 2015 und im Koalitionsvertrag wird das Fortsetzen der HIPC-Initiative bekräftigt. Von dem geschätzten Entlastungsvolumen von ca. 70 Milliarden US-Dollar, möchte sich die Bundesregierung mit 10 Milliarden beteiligen. Allerdings werden interessanterweise die Mittel, die zur Entschuldung zur Verfügung gestellt werden, in das Gesamtbudget der ODA miteinberechnet (vgl. Reuke 2003:7).

Hier liegt ein ganz entscheidender Knackpunkt: Denn die bereits in den 1970er Jahren diskutierten 0,7 % des Bruttonationaleinkommens (BNE) für die ODA liegen derzeit bei ca. 0,27 % - bis 2006 sollen 0,33 % erreicht werden (vgl. ebd.:5)

Das BMZ bekräftigt das nationale Interesse an der Entschuldung. So werden als nachteilige globale Folgen die Umweltzerstörung, steigende Flüchtlingszahlen, die vermehrte Drogenproduktion und der Zusammenbruch von Absatzmärkten genannt (vgl. BMZ 2004a www.bmz.de).

Die Akteure auf der Geberseite verfolgen also recht unterschiedliche Ziele: Die öffentlichen multilateralen Finanzinstitution und Privatbanken spekulieren darauf, einige der Schulden zurück zu bekommen; die Einzelstaaten dagegen wollen sich Märkte erschließen und nationale Interessen, wie beispielsweise den Zustrom von Wirtschaftsflüchtlingen zu reduzieren, durchsetzen. Das alles findet unter dem Label „Armutsbekämpfung" einen klangvollen Namen.

In folgenden Abschnitten wird das Konzept der Initiative vorgestellt und auf Schwachstellen überprüft.

3.3. Das Konzept

Länder, die an der HIPC-Initiative teilnehmen wollen, werden auf die Tragfähigkeit ihrer Schulden von Weltbank und IWF hin überprüft. Wenn ein Land nach den traditionellen Entschuldungsmechanismen unter den „Neapel Bedingungen" keine tragfähige Schuldenlast aufweist, kann es sich für die HIPC-Initiative bewerben.

Um an der Initiative teilnehmen zu können, muss ein Poverty Reduction Strategy Papier (PRSP) erstellt werden. Auf dieses Papier wird im nächsten Abschnitt ausführlich eingegangen.

Alle Kredite werden in den Schuldenerlass miteinbezogen: bilaterale Schulden bei Staaten, multilaterale Schulden gegenüber Entwicklungsbanken wie IWF und WB und Schulden bei privaten Banken.

Die zwei Phasen der Initiative und wie decision und completion point erreicht werden, wird weiter unten ausführlich erklärt.

Das Konzept zielt auf eine langfristige Lösung des Schuldenproblems und verfolgt dabei konkret das Ziel der Armutsbekämpfung.

Insgesamt entsprechen 42 Länder den Kriterien, um in die HIPC-Initiative aufgenommen zu werden, davon befinden sich 31 Länder in Afrika. (UNCTAD 2000:135).

3.4. Durchführung

In diesem Kapitel wird die Durchführung der Initiative dargestellt. Dabei gehe ich zunächst auf die Strategiepapiere zur Armutsbekämpfung ein, es folgt eine kurze Darstellung über die beiden Phasen der Initiative und abschließend erfolgt eine Analyse über den bisherigen Verlauf.

3.4.1. Die Poverty Reduction Strategy Papers

Um das Ziel der Armutsbekämpfung zu erreichen, sollen als Grundlage für den Schuldenerlass die Poverty Reduction Strategy Papers (PRSP) von den Ländern selbst – nach dem neuen Prinzip „ownership" erarbeitet werden.

Die Papiere werden zwar theoretisch von den Regierungen selbst erarbeitet, als praktischer Ratgeber sind jedoch Weltbank und IMF mit in die Erarbeitung der Strategie involviert.

Das Papier beinhaltet die Förderung des Gesundheits- und Ausbildungsbereichs aber auch makroökonomische Fragen, die ähnlich der ehemaligen Strukturanpassungsprogramme des IWFs sind.

Ist ein Land nicht in der Lage, ein vollständiges Papier zu entwickeln, kann zunächst ein Interim PRSP (I-PRSP) eingereicht werden. Innerhalb der nächsten 12 Monate sollte dann ein PRSP ausgearbeitet werden.

Die fünf Schlüsselprinzipien der PRSP sind: Ownership, Einbezug der Zivilgesellschaft, Ergebnisorientierung, Einbezug von bilateralen und multilateralen Entwicklungspartner sowie das Schaffen einer Basis für eine langfristige Perspektive zur Armutsreduktion (vgl. Weltbank 2004c www.worldbank.org/hipc).

In den PRSP wird festgelegt, wie die freigesetzten Mittel eingesetzt werden sollen: Demnach streben 23 Länder, die den decision point erreicht haben in ihren Strategiepapieren an, die Ausgaben im Gesundheitsbereich und der Grundschulbildung zu erhöhen Neun Länder möchten die freigewordenen Ressourcen auch im Wasser- und Sanitätsbereich, sieben für Straßen und Infrastruktur und acht für ländliche Entwicklung einsetzen (vgl. Gupta 2001:10).

Weltbank und IWF überprüfen das Papier auf seine Tragfähigkeit. Stellt sich das Konzept als tragfähig heraus – hier sollten allerdings die Tragfähigkeitskriterien (dazu später mehr) genau überprüft werden – können Länder in den Prozess des Schuldenerlasses eintreten, die PRSP sind also von immanenter Wichtigkeit, um Schuldenerlass zu erhalten.

Es gibt viele Stimmen, die die Entwicklung der PRSP kritisch verfolgen. So sind die strengen Auflagen für viele Länder ein kaum zu überwindendes Hindernis:
"...many countries will have great difficulty in complying with the conditionality associated with debt relief.[...]. Moreover the poverty reduction goals formulated in the PRSPs may be unrealsitic, motivated by an effort to meet the expectations of the creditors...." (UN 2001:7)

An den PRSP wird zudem kritisiert, dass kaum eine Änderung der makroökonomischen Grundlinien diskutiert wird. Als Grundvoraussetzung zur Armutsbekämpfung steht das Wirtschaftswachstum – es fehlt aber an einem Konzept, dass diese Aspekte zusammenführt (vgl. Müller 2001:5). Kritik kommt außerdem von der UNCTAD und der NGO Weed, die eine vergleichende Studie angestellt hat und zu dem Ergebnis gekommen ist, dass sich die Papiere alle sehr ähnln. (vgl. UNCTAD 2002:168 und Walther/Hentschel 2002:4).
Zum Beispiel wird das Prinzip der "ownership" wird nicht zur Genüge umgesetzt: die Zivilgesellschaft konnte sich bestenfalls in den Hauptstädten in Form von bereits gutorganisierten NGOs beteiligen – die ländliche Bevölkerung bliebt vom

Entwicklungsprozess weitgehend ausgeschlossen: nach wie vor wurden die Inhalte der Strategiepapiere stark von IWF, Weltbank und anderen Geberländern stark beeinflusst (vgl. Eberlei 2003:412).

3.4.2. Decision und Completion Point

Nachdem ein zufriedenstellendes PRSP eingereicht wurde, beginnt der eigentliche Prozess der Initiative. Die Durchführung findet in zwei Phasen statt.

In der ersten, dreijährigen Phase gewähren Pariser Club, bilaterale und kommerzielle Kreditoren bis zu 67% Schuldenerlass bzw. die Umschichtung der Schulden. Wenn bis dahin ein tragfähiges Level der Schuldenlast erreicht ist, kann das Land nicht an der HIPC-Initiative teilnehmen. Stellen jedoch Weltbank und IWF fest, dass trotz der bisherigen Bemühungen kein tragfähiges Level erreicht worden ist, gelangt das Land an den **decision point**. Das ist der Punkt, an dem die Gläubiger eine Zusage über den Schuldenerlass geben. Vorraussetzung bleibt aber, dass die ausgearbeiteten Konzepte zu einer tragfähigen Schuldenlast führen, also nach dem Schuldenerlass keine weiteren Verhandlungen nötig sein werden.

In der zweiten Phase führt das Land die im PRSP angestrebten Anpassungen durch und erhält dafür Übergangshilfe von IWF und WB, andere multilaterale und bilaterale Gläubiger genehmigen Schuldenerlass nach ihrem Ermessen.

Um den **completion point** zu erreichen, war zunächst wieder eine drei Jahresfrist angedacht gewesen, in der erweiterten Initiative ist die Erreichbarkeit dieses Punktes allerdings flexibel und richtet sich danach, wie schnell die Anpassungen implementiert werden. Ist dieser Punkt erreicht, gewähren die Gläubiger des Pariser Clubs Schuldenerlass von 90% oder höher. Andere bilaterale oder kommerzielle Gläubiger sollen mindestens genauso viel gewähren, ebenso wie die multilateralen Institutionen (vgl. Weltbank 2003 www.worldbank.org/hipc).

Was zunächst recht unkompliziert erscheint, weist in der Realität erhebliche Schwierigkeiten und Verzögerungen auf. Wie der nächste Abschnitt zeigen wird, ist der Erfolg der Initiative bislang nur sehr schwach erkennbar.

3.4.3. Bisherige Entwicklung

Die bisherige Entwicklung der inzwischen sieben Jahre alten Initiative verläuft recht enttäuschend. Aus Afrika haben bislang 7 Länder (Benin, Burkina Faso, Mali, Mauretanien, Mosambik, Tansania und Uganda) den completion point erreicht, 19 den decision point und bei 11 Ländern konnten noch keine Fortschritte erzielt werden (vgl. Weltbank 2004d www.worldbank.org/hipc).

Die HIPC II Initiative hatte sich aber deutlich zum Ziel gesetzt, den Prozess zum Schuldenerlass deutlich zu beschleunigen. Das hat sie nicht geschafft.

Die Erklärung für den langsamen Prozess sieht die Weltbank darin, dass viele HIPC-Länder in interne oder länderübergreifenden Konflikte involviert sind und auch mit extremen „governance"-Problemen konfrontiert sind (Weltbank 2003:1, Quelle im Anhang).

Für Länder, die zwar schon den decision point erreicht haben aber noch nicht den completion point gilt folgende Erklärung:

"The process of preparing high quality PRSPs reflecting broad consultation has taken longer than anticipated [...].PRGF programs have expereinced interruptions, usually because of fiscal slippages." (IDA 2003:1-2)

3.5. Schwächen der Initiative

"Keinesfalls wird HIPC die Schuldenkrise des Südens lösen. Die Gründe hierfür liegen zum einen in konzeptionellen Schwächen der Initiative, zum anderen in strukturellen und konjunkturellen Schwächen ihrer Umsetzung" (Kaiser 2001:4, Quelle im Anhang).

Es gibt eine Vielzahl von Kritikpunkten an der Initiative. Die zwei wichtigsten sind überoptimistische Wachstumsannahmen und die fragwürdige Definition von Tragfähigkeit. Weitere Kritikpunkte, die aus Platzgründen nicht näher erläutert werden können, sind unangemessene Eignungskriterien, die unzureichende Interim Entlastung, die mangelhafte Partizipation der Gläubiger und die Struktur der internationalen Finanzmärkte.

3.5.1. Überoptimistische Wachstumsannahmen

Wachstumsannahmen sind wichtig für die langfristige Analyse von Schuldentragfähigkeit. Überoptimistische Annahmen führen zu einer Unterschätzung der Kosten (vgl. Gunter 2003:9)

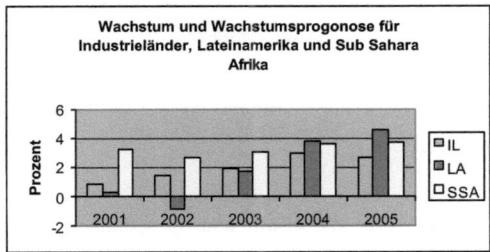

Quelle: Weltbank 2002

Die Wachstumsraten für 2000-2005 wurden von Weltbank und IWF bei 5-6% angesetzt, obwohl die Wachstumsraten in den vergangenen Jahren weit niedriger lagen. Im südlichen Afrika lagen die Wachstumsraten zwischen 1990 und 1997 bei 0,4% (vgl. Oxfam 2001:8). Die Graphik zeigt aber bereits eine etwas vorsichtigere Einschätzung seitens der Weltbank von 3,5 - 4,8 %.

"A critical issue is wether the economic forecasts underlying the medium-term scenarios of debt sustainability are characterized by optimism or caution". (UNCTAD 2000:157).

Außerdem muss die extreme Anfälligkeit für externe Schocks berücksichtigt werden (vgl. Kaiser 2001:6, Quelle im Anhang). Die Volatilität der Rohstoffpreise, Devaluierung von Wechselkursen, variable Entwicklungshilfe, und nicht-ökonomische Schocks wie Klimakatastrophen, Konflikte, politische Instabilität, Desertifikation und das AIDS-Problem verhindern Wachstum und machen Prognosen ungenau (vgl. Jubilee2000:4).
In den letzten 10 Jahren erlitten 23 HIPCs klimatische Schocks wie Dürre, Überschwemmungen oder Hurrikane.
Der Wettbewerbsvorteil der EL liegt in arbeitsintensiver Produktion (wegen der geringeren Löhne), aber durch Protektionismus der Industrieländer kann dieser Vorteil oft nicht genutzt werden.
Viele HIPC-Länder haben nur Rohstoffe als Exportgüter. Da die Preise für diese weiterhin niedrig sind, bleibt es bei einer negativen Handelsbilanz. Ein Beispiel: weltweit werden über 60% des Kakaos in drei HIPC Ländern produziert, nämlich in Ghana, der Elfenbeinküste und in Kamerun. Gerade die Preise für Kakao schwanken sehr – in dem Zeitraum von 1983 bis 1997 variierten sie zwischen 60% und 170% des Durchschnittspreises (vgl. Gunter 2003:29).
In 16 Ländern ist ein einziger Rohstoff für über 50 Prozent ihrer Exporteinnahmen verantwortlich (vgl. Oxfam 2001:6). Bedenkt man weiter, dass die in den PRPS geforderte Exportorientierung sich weiterhin auf Rohstoffe konzentriert und die verschiedenen HIPC Länder sich auf die gleichen Rohstoffe wie Kaffe oder Kakao konzentrieren, dann sinkt auf Grund des Überangebots der Preis noch stärker und die einzelnen HIPCs werden zu Konkurrenten auf dem Weltmarkt.

„Anstatt eine Diversifizierung der Wirtschaft und den Aufbau einer verarbeitenden Produktion zu fördern, werden die Länder ermuntert, weiterhin billige Rohstoffe zu produzieren und Fertigprodukte aus den Industrieländern einzuführen." (erlassjahr.de 2002:20)

Auch der Einfluss von Aids und HIV wird weitgehend unberücksichtigt gelassen (vgl. Oxfam 2001:7). Aufgrund der Aidsproblematik kann das Wachstum sogar noch um 1-2 Prozent sinken (vgl. ebd.).

3.5.2. Die fragwürdige Definition von Tragfähigkeit

Eine Vielzahl von Nichtregierungsorganisationen, Wissenschaftlern und Internationalen Organisationen hält die Festlegung auf die oben beschriebenen Tragfähigkeitsgrenzen für falsch und ungerechtfertigt:

" The World Bank offers no justification for the arbitrary level of sustainability set by the HIPC Initiative, as 150% of exports." (jubilee2000:5)

Die Summe der Schulden sollte nicht über 50% der jährlichen Exporteinnahmen liegen und die Schuldendienstquote bei höchstens 5 % (vgl. Kaiser 2001:5). Dies ist aber nur bei Mosambik und Uganda der Fall. Selbst andere completion point Länder wie Bolivien haben immer noch eine Schuldendienstquote von 10 %, bei den meisten Ländern liegt sie sogar noch höher.

Zudem lässt sich anmerken, dass durch diese Tragfähigkeitsgrenze, die Gläubiger zwar einen Grossteil ihrer Kredite zurückbekommen, Armutsbekämpfung dadurch aber nicht wirklich stattfindet. Denn der Kreislauf des Schuldenaufnehmens um Kredite zu bezahlen bleibt erhalten und wird nicht gebrochen.

Auch Jeffrey Sachs hält die festgelegte Tragfähigkeitsgrenze für willkürlich:

„The current definition [...]is as arbitrary as the previous standards: A ratio of debt to exports of 150 percent or a ratio of debt to government revenue of 250 percent cannot truly be judged to be sustainable or unsustainable *except in the context of each country's needs* (Hervorhebungen durch Autorin), which themselves must be carefully spelled out. It is perfectly possible, and indeed is currently the case, for a country or a region to have a "sustainable" debt [...] under these formal definitions *while millions of its people are dying of hunger or desease.*" (Sachs 2002:21).

Da das Ziel der Initiative ein Ausweg aus der untragbaren Schuldenlast ist, aber sowohl die Wachstumsannahmen als auch die Tragfähigkeitskriterien selbst zeigen, dass das angestrebte Tragfähigkeitslevel in den meisten Fällen nicht erreicht werden kann, stellt sich die Frage, ob unter diesen Bedingungen tatsächlich von einem Beitrag zur Armutsbekämpfung gesprochen werden kann.

Was die Initiative leistet, zeigt das nächste Kapitel.

13

4. Auswirkungen für die Armutsbekämpfung

Die Weltbank geht von einer durchschnittlichen bilanzwirksamen Entlastung von 50 Mio. US-Dollar pro Jahr und Land aus. Doch sind diese Durchschnittswerte kritisch zu überprüfen und der Einzelfall sollte im Zentrum der Betrachtung stehen (vgl. Kaiser 2001:1, Quelle im Anhang).

Überprüft man die einzelnen Länder, zeigt sich lediglich, dass in manchen Ländern der Schuldendienst sinken, dafür in anderen Ländern ansteigen wird. Inwieweit die Initiative zur Entlastung beiträgt, lässt sich noch nicht feststellen.

Es wird inzwischen sogar davon ausgegangen, dass 12 der Länder, die bereits Schuldenerleichterungen erhalten, mittelfristig schlechte Aussichten haben, ihre Schulen auf einem tragfähigen Niveau zu halten (vgl. Djafari 2002:351).

Ziel der Initiative ist es, die hochverschuldeten Länder so zu entlasten, dass Ressourcen für die Armutsbekämpfung, also besonders für den Gesundheits- und Bildungssektor, freigesetzt werden. Im Durchschnitt lässt sich feststellen, dass die Ausgaben in diesen Bereichen stark angestiegen sind: Von durchschnittlich 5,9 % des BSP 1999 auf 9,9 % des BSP im Jahr 2002 (vgl. auch IDA 2003:4).

In absoluten Zahlen sollen die Ausgaben im Sozial- und Gesundheitsbereich von ca. vier Milliarden US Dollar im Jahr 1998 auf über das Doppelte im Jahr 2005 steigen. Damit würden die afrikanischen Länder etwas über 50 % ihrer Staatsausgaben für diese Bereiche verwenden.

Doch sind diese Angaben weder pauschal noch allgemeingültig für alle afrikanischen HIPC-Länder zu bewerten:

„Diese Zahlen sind allerdings bezüglich ihrer Bedeutung auf die Armutsbekämpfung mit Vorsicht zu genießen. Denn die staatlichen Ausgaben für den Erziehungsbereich, für die Schulen, für die Gesundheitsversorgung usw. konzentrieren sich im Wesentlichen auf die städtische Bevölkerung und meist auch auf die städtischen Mittelschichten. Hingegen wird nur ein geringer Anteil an Mitteln für die arme Bevölkerung ausgegeben. Der Zugang zu Gesundheitsversorgung und zu den Schulden ist der armen Bevölkerung häufig erschwert." (Kappel 2000:44)

Wenn man sich die Zahlen der einzelnen Länder genauer ansieht, kann man das Argument Kappels gut nachvollziehen: Sao Tomé und Principe haben 21.8 % für Sozialausgaben im Verhältnis zum Bruttoinlandsprodukt aufgewendet wohingegen Guinea-Bissau nur 3.2% und Mali 4.3% ausgegeben haben (vgl. IDA 2003: Tabelle 12A und 12B).

Bedenklich ist dabei, dass zwar in den meisten Ländern die Sozialausgaben steigen werden, dass aber gleichzeitig ein Anstieg des Schuldendienstes zu bemerken ist.

So musste Mali 1999 84 Millionen US-Dollar an Schuldendienst leisten und im Jahr 2003 90 Millionen – bei gleichbleibenden Sozialausgaben (vgl. (BMZ 2004b www.bmz.de). Auch in Sambia wird sich der Schuldendienst erhöhen – und zwar von 126 auf 151 Millionen im gleichen Zeitraum. Unter diesen Bedingungen kann nachhaltige Entwicklung nicht stattfinden, denn von einer tragfähigen Schuldenlast kann in beiden Fällen nicht gesprochen werden.

Ein positives Beispiel ist dagegen Sierra Leone, in dem sich die Sozialausgaben enorm gesteigert haben, nämlich von 2% des BIP auf immerhin 6% im Jahr 2003 (vgl. ebd.). Es lässt sich abschließend also nicht feststellen, ob die freigewordenen Mittel tatsächlich den ärmsten der Armen zu Gute kommen. Positiv anzumerken ist jedoch, dass die Ausgaben in den entscheidenden Sektoren gesteigert werden konnten – nun gilt es durchzusetzen, dass alle Menschen im jeweiligen Land von diesen Ausgaben profitieren.

5. Schlussbemerkungen und Ausblick

Es sollte in dieser Arbeit überprüfen werden, ob die HIPC-Initiative einen wirkungsvollen Beitrag zur Armutsbekämpfung beiträgt. Es wurde darauf verwiesen, dass Armut ein multidimensionales Phänomen ist, dass sich nicht allein auf monetärer Ebene lösen lässt. Die Ursachen der Armut sind vielfältig und so kann auch diese Initiative nur ein Teil der Lösung sein.

Bei der Analyse der Durchführung wurde festgestellt, dass die Initiative nur sehr langsam vorankommt und es bislang nicht zu einem umfassenden Schuldenerlass gekommen ist. Die Problematik der Definition von Tragfähigkeit wurde betont und darauf verwiesen, dass die HIPC-Initiative keine Gewähr dafür leistet, die Schulden der betroffenen Länder künftig auf ein tragfähiges Level zu reduzieren.

Soll die Initiative erfolgreich sein, müssen die beteiligten Akteure deutlich mehr Gewicht auf die schnelle und gründliche Umsetzung legen. Da allerdings kleine Erfolge im Bereich der gestiegenen Sozialausgaben zu verzeichnen sind, ist die Initiative begrüßenswert.

Sie allein reicht aber nicht aus, um die Armut erfolgreich zu bekämpfen: Viele Reformen müssen noch durchgeführt werden, sowohl in den Bereichen der Handelspolitik – und hier gilt im besonderen Maße der Appell an die EU und die USA ihre Märkte für afrikanische Produkte zu öffnen – als auch intern in den betroffenen Ländern selbst. Korruption und Misswirtschaft müssen durch erhöhte Transparenz und eine aktive Rolle der

Zivilgesellschaft eingedämmt werden, die Investition in die Bildung und den Aufbau von Humankapital gefördert und der Kampf gegen AIDS intensiv und vorurteilslos betrieben werden.

Die durch den Schulenerlass freigewordenen Ressourcen können in diesen Bereichen dazu beitragen, die Millenniums-Ziele der Vereinten Nationen tatsächlich zu erreichen.

Wichtig zu betonen bleibt, dass die Geberländer ihre ODA Beiträge nicht abbauen sondern erhöhen sollten, um so zumindest kurz- und mittelfristig den HIPC-Ländern einen Teil eines festen und kontinuierlichen Einkommens zu sichern.

Die HIPC-Initiative leistet einen Beitrag zur Verbesserung der Situation der ärmsten Länder. Sie ist eine notwendige aber nicht hinreichende Bedingung zur wirkungsvollen Armutsbekämpfung und zum Erreichen der Millenniums-Ziele der Vereinten Nationen.

Literaturverzeichnis

BMZ (2001): Armutsbekämpfung – eine globale Aufgabe. Aktionsprogramm 2015.
  Der Beitrag der Bundesregierung zur weltweiten Halbierung extremer Armut, Bonn
Cohen, Daniel (2000): The HIPC Initiative: True and False Promises, OECD
  Development Center, Technical Papers, No. 166
Easterly, William (1999): How Did Highly Indebted Poor Countries Become Highly
  Indebted) Reviewing Two Decades of Debt Relief, The World Bank Development
  Research Group, Policy Research Working Paper 2225
Hauchler, Ingomar u.a. (Hrsg.) (2003): Globale Trends 2004/2005. Fakten Analysen
  Prognosen, Stiftung Entwicklung und Frieden, Fischer Taschenbuch Verlag, Frankfurt a.M.
IDA (2003): Heavily Indebted Poor Countries (HIPC) Initiative – Statistical Update,
  IDA/R2003-0042/2
Kappel, Robert (2000): Die Wirklichkeit der Entwicklungshilfe. Achter Bericht
  1999/2000, Deutsche Welthungerhilfe
Knoke, Irene/ Pedro Morazan (2002): PRSP: Beyond the Theory. Practical
  Expereinces and Positions of Involved Civil Society Organisations, Brot für die Welt
Mabe, Jacob (Hrsg.) (2003): Das kleine Afrika-Lexikon. Politik, Wirtschaft, Gesellschaft,
  Bundeszentrale für politische Bildung, Bonn
Nohlen, Dieter/ Franz Nuscheler (Hrsg.) (1993): Handbuch der Dritten Welt. 1
  Grundprobleme Theorien Strategien, Verlag Dietz, Bonn
Reuke, Ludger Dr. (2003): Die Wirklichkeit der Entwicklungshilfe. Elfter Bericht 2002/2003,
  Deutsche Welthungerhilfe und terre des hommes (Hrsg.)
Thomi, Walter (2003): Verschuldung, aus: Mabe, Jacob (Hrsg.) (2003): Das kleine Afrika-
  Lexikon. Politik, Wirtschaft, Gesellschaft, Bundeszentrale für politische Bildung, Bonn
UNCTAD (2002): The Least Developed Countries Report. Escaping the poverty Trap,
  Vereinte Nationen, Genf
UNCTAD (2000): The Least Developed Countries Report. Aid, Private Flows and
  External Debt: The Challenge of Financing Development in the LDCs, Vereinte
  Nationen, Genf
United Nations (2000): Recent developments in the debt Situation of developing countries,
  A/55/422, Vereinte Nationen, New York
United Nations 2001: The external debt and debt-servicing problems of developing countries,
  including those resulting from financial instability, A/56/262, Vereinte Nationen, New York
United Nations (2002): External debt crisis and development, A/57/253, Vereinte
  Nationen, New York
Walther, Miriam/Christine Hentschel (2002): Armutsstrategiepapiere (PRSP) –
  Neuanfang in der Strukturanpassungspolitik von IWF und Weltbank?
  Wirtschaftspolitik und Armutsbekämpfung in den PRSPs von Bolivien, Burkina
  Faso, Mauretanien, Tansania und Uganda, Weed, Berlin

Zeitschriftenartikel

Ahmed, Masood (2002): Building Consensus on Poverty Reduction, in: Finance and
  Development (6), S. 8-12
Bliss, Frank (2003): Alte Konzepte müssen neu angepasst werden. Die deutsche Beteiligung
  an den PRS Prozessen, in: Entwicklung und Zusammenarbeit, Jg. 44 (11), S. 418-421
Daseking, Christina (2002): Debt. How Much ist Too Much?, in Finance and Development
  (12), S. 12-14
Djafari, Nassir (2002): Schuldenerlass allein genügt nicht. Zwischenbilanz der HIPC-

Initiative, in: Entwicklung und Zusammenarbeit, Jg. 43 (12), S. 351-353

Djafari, Nassir (2003): Schuldenerlass für Post-Konflikt-Länder. Die HIPC-Initiative braucht neue Instrumente, in: Entwicklung und Zusammenarbeit, Jg. 44 (7), S. 292-294

Eberlei, Walter (2000): Paradigmenwechsel in der Armutsbekämpfung. Poverty Reduction Strategies als neues Konzept – auch für das BMZ?, in: Entwicklung und Zusammenarbeit, Jg. 41 (6), S. 165-168

Eberlei, Walter (2003): Partizipation und Ownership in den PRS. Zu wenig Zivilgesellschaft, zu viel Weltbank, in: Entwicklung und Zusammenarbeit, Jg. 44(11), S. 411-413

Gupta, Sanjeev u.a. (2001): Debt Relief and Public Health Spending in Heavily Indebted Poor Countries, in: Finance and Development (9), S. 10-13

Meyer, Ronald (2003): Entschuldung und Armutsbekämpfung. Die HIPC-Initiative und ihre Strategiepapiere, in: in: Entwicklung und Zusammenarbeit, Jg. 44(11), S. 408-410

Schneider, Ann Kathrin (2003): Zwischen Armutsorientierung und Stabilitätssicherung. PRS als Fortsetzung der Strukturanpassungsprogramme?, in: Entwicklung und Zusammenarbeit, Jg. 44(11), S. 414-417

Internetquellen

BMZ (2004a): Warum überhaupt Entschuldung?
http://www.bmz.de/themen/motive/entwicklungspolZiele/grundsaetze206.html
BMZ (2004b): Die Entschuldungs-Initiative – Stand 2003. Resultate für die Schuldnerländer
http://www.bmz.de/themen/Handlungsfelder/entschuldung/pdf/sachstand.pdf
Eurodad (2003): HIPC additionality: some concerning projections,
http://www.eurodad.org/articles/default.aspx?id=432, Zugriff 23.2.04
GTZ (2004): Die Begriffswelt der GTZ
http://www.gtz.de/glossar/deutsch/index.html, Zugriff 23.2.04
Gunter, Bernhard (2003): Achieving Long-Term Debt Sustainability in All Heavily Indebted Poor Countries (HIPCs),
http://www.g24.org/guntetgm.pdf Zugriff: 23.2.04
Jubilee (2002): What is the HIPC Initiative?
http://www.jubilee2000uk.org/hipc_what_is_hipc.htm, Zugriff: 16.4.2003
Oxfam (2001): Debt Relief: Still failing the poor
http://www.oxfam.org/eng/pdfs/pp0104_Debt_relief_still_failing_the_poor.pdf, Zugriff 23.2.04
Sachs, Jeffrey (2002): Resolving the Debt Crisis of Low-Income Countries
http://www.africaaction.org/action/sachsbp.pdf, Zugriff: 23.2.04
UNFPA (2002): State of World Population 2002: Characterizing Poverty
http://www.unfpa.org/swp/2002/english/ch2/index.htm Zugriff: 23.2.04
Weltbank (2004a): Measuring Poverty,
http://www.worldbank.org/poverty/mission/up2.htm#T3 Zugriff 23.2.04
Weltbank (2004b): Understanding Poverty
http://www.worldbank.org/poverty/mission/up1.htm Zugriff 23.2.04
Weltbank (2004c): Overview of Poverty Reduction Strategies
http://www.worldbank.org/poverty/strategies/overview.htm Zugriff: 22.2.2004
Weltbank (2004d): Grouping of Heavily Indebted Countries
http://www.worldbank.org/hipc/progress-to-date/HIPC_Grouping_Sep03.pdf Zugriff: 22.2.2004
Weltbank (2003): The HIPC Debt Initiative
http://www.worldbank.org/hipc/about/hipcbr/hipcbr.htm Zugriff:24.3.2003

Weltbank (2002): Income Poverty
http://www.worldbank.org/poverty/data/trends/income.htm Zugriff 23.2.04

www.clubdeparis.org
www.imf.org

Quellen im Anhang (nur in gedruckter Version möglich)

Erlassjahr 2000 (2001): Entschuldung durch die HIPC-Initiative

Eurodad (2002): Why HIPC still fails to deliver to LDCs

Interview mit Dr. Walter Eberlei: Afrika in der Schuldenfalle, terre des hommes

Weltbank (2003): HIPC Review. Fiancial Impact of the HIPC Initiative First 26 Country Cases